Armin Zogbaum

MELONEN

© 2001 Midena & Fona Verlag GmbH, CH-5600 Lenzburg
Gestaltung Umschlag: Dora Eichenberger-Hirter, Birrwil
Gestaltung Inhalt: Ursula Mötteli, Grafikdesign, Aarau
Fotos: Jules Moser Bern (Cover, Seiten 11 bis 16 sowie alle
Foodbilder); Holger Beckmann, Frauenfeld (Seite 19);
Ernst Fretz, Küttigen (Seite 18)
Text (Seiten 17 bis 20): Edith Beckmann, Frauenfeld
Übrige Texte: Armin Zogbaum, Zürich
Lithos: Neue Schwitter AG, Allschwil
Satz und Digitalvorlagen: Kneuss Print AG, Lenzburg
Druck: Neue Stalling, Oldenburg

ISBN 3-907108-40-X

Das Buch erschien gleichzeitig in französischer Sprache unter
dem Titel «Melons» bei Editions Viridis, CH-2800 Delémont,
ISBN 2-940306-11-7

Abkürzungen
EL   gestrichener Esslöffel
TL   gestrichener Teelöffel
dl   Deziliter
ml   Milliliter
Msp   Messerspitze

Wo nicht anders vermerkt, sind die Rezepte
für 4 Personen berechnet

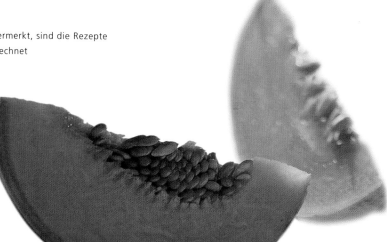

Melonen im Trend?
Zum Glück jeden Sommer wieder.

Und seit durch Züchtung die Kerne aus den Wassermelonen fast
verschwunden sind, steigt auch ihr Beliebtheitsgrad.

Allen Züchtungen zum Trotz erinnern mich die Schalen mit der oft
furchigen, gerillten oder wachsigen Oberfläche an Dinosaurier.
Und würden sie nicht einen süßen Duft verbreiten, wer weiß, ob sie
je zum Liebling unter den Sommerfrüchten avanciert wären. Doch
bei Melonen verhält es sich wie bei raubeinigen Menschen: harte
Schale, weicher Kern. Halbiert man eine perfekt reife Melone,
erwartet einen saftig weiches, süß duftendes Fruchtfleisch, dessen
blasse Farbe fast zu glühen scheint. Aber nicht nur wegen ihrer
Beschaffenheit zählen Melonen zu den erotischsten Früchten. Und
aufgrund des schnellen Wachstums sind sie seit Urzeiten Symbol
der Fruchtbarkeit.

Melonen kennt man vor allem als Durstlöscher und in Begleitung von
Rohschinken als beliebte Vorspeise. Dabei eignen sich diese zu den
Gurken- und Kürbisgewächsen zählenden Früchte hervorragend für
pikante Suppen, Hauptspeisen mit Fisch, Geflügel und Fleisch sowie
natürlich für zauberhafte Desserts und Drinks. Sie sind die ideale Basis
für eine leichte, schmackhafte, gesunde und vielfältige Sommerküche.

Melonen im Trend?
Ja, und zum Glück jeden Sommer mehr.

Armin Zogbaum

MELONEN

Die süßen Durstlöscher lieben die Sonne über alles. Temperaturen von bis zu 50 °C sind kein Problem. So vermutet man, dass die Melonen in Asien und im tropischen Afrika beheimatet sind. Dort gedeihen sie auch in trockenen Landstrichen und sind mit ihren rund 93% respektive 87% Wassergehalt ein natürlicher, steriler und sehr gesunder Durstlöscher.

Inzwischen werden die Vertreter der großen Melonenfamilie in allen warmen Regionen der Erde angebaut. Einige Sorten gedeihen auch in unseren Breitengraden.

Die vielen Melonensorten werden in zwei Gattungen eingeteilt: die Wassermelonen (Citrullus lanatus, Cucurbitaceae) und die Zuckermelonen/Honigmelonen (Cucumis melo, Cucurbitaceae).

Zuckermelonen (Cucumis melo)

Über 500 Sorten haben die Zuckermelonen hervorgebracht. Sie werden jedoch weniger nach Sorten als vielmehr nach Typen (Honigmelone, Charentais, Cavaillon, Galia usw.) vermarktet. Botanisch gehören die einjährigen Rankengewächse aus der Familie der Kürbisgewächse zum Gemüse. Unreife Früchte haben denn auch einen typischen Gurkengeschmack.

Zuckermelonen sind mit nur rund 54 kcal je 100 g Fruchtfleisch wahre Schlankmacher. Sie enthalten Provitamin A, Vitamin C, B-Vitamine, Kalium, Kalzium, Phosphor, Magnesium, Eisen, Zink und Jod.

Reifeprüfung Die Reife lässt sich aufgrund der Schalenfarbe und dem Geruch feststellen. Bei gerippten Melonen ist die Schale gelb und die Rippen sind noch grün. Bei reifen Melonen ist die Schale rund um den Stielansatz leicht gesprungen und die Frucht verströmt einen süßlichen, aromatischen Duft.

Nachreifen Das volle Aroma haben nur auf dem Feld ausgereifte Melonen. Unreife Melonen können zwar zu Hause nachreifen – Melonen 2 bis 3 Tage an einem luftigen Ort ohne direkte Sonnenbestrahlung lagern –, das feine Aroma und die typische Süße lassen sich damit aber nicht erreichen. Wenn viele Früchte unreif in den Handel kommen, so hat das seinen Grund. Da reife Früchte extrem druckempfindlich sind, erweisen sich lange Transportwege als ungünstig.

Seit einigen Jahren werden Zuckermelonen auch in unseren Breitengraden angebaut. Die Früchte können dank der kurzen Transportwege reif geerntet und innerhalb kürzester Zeit in den Handel gebracht werden.

Lagerung Zuckermelonen sollten möglichst reif gekauft und rasch verzehrt werden. Reife Früchte können allenfalls an einem kühlen Ort ein paar Tage gelagert werden. Der Kühlschrank ist für eine längere Lagerung nicht geeignet, da es zu einem Aroma- und Farbverlust kommt. Bei einigen Sorten wird das Fruchtfleisch unter Kälteeinfluss sogar bitter.

Gekühlte Melonen Sie sind besonders erfrischend. Sie werden 1 bis 2 Stunden vor dem Verzehr in den Kühlschrank gelegt.

KANTALOUPMELONE

Charentais-, Cavaillon- und Ogen-Melone (Kantaloup-Melone)

Die Kantaloupmelone gilt als die edelste unter den Zuckermelonen. Ihr Name geht auf das bei Rom gelegene päpstliche Gut «Cantalupo» im 16. Jahrhundert zurück. Sie hat ein relativ festes, hoch aromatisches Fruchtfleisch von oranger Farbe. Die gelbgrüne Schale mit den blaugrünen Längsstreifen ist glatt (Charentais lisse) oder genetzt (Charentais brodé). Letztere wird als Ogen-Melonen gehandelt und entstand in Israel durch Einkreuzungen mit Netzmelonen, mit dem Ziel, die Charentais-Melone haltbarer und transportfähiger zu machen. Die Samen können nur in Israel beschafft werden, denn die genaue Abstammung wird streng geheim gehalten. Kantaloup-Melonen gedeihen am besten im mediterranen Klima. Das berühmteste Anbaugebiet liegt rund um die südfranzösische Stadt Cavaillon. Dort wird die Luft im Sommer von den Melonen zuckersüß parfümiert. Früchte aus dieser Region kommen als Cavaillon-Melonen in den Handel.

11

NETZMELONE

Je nach Sorte haben Netzmelonen ein mehr oder weniger dichtes, gröber oder feiner strukturiertes Netz von sogenannten Korkleisten, die sich gegen Ende der Fruchtentwicklung aus Korzellen unterhalb der Haut bilden. Netzmelonen sind rund bis oval.
Das meist aprikosenfarbene Fruchtfleisch ist saftig, aber nicht sehr aromatisch.
Es gibt auch Netzmelonen mit blassgrünem Fruchtfleisch, z. B. die Ananasmelone mit ihrem subtilen Ananasduft. Angebaut wird sie in den USA sowie im Mittleren Osten. Netzmelonen werden 1 bis 3 kg schwer. Sie sind nicht nur gut haltbar, sondern überstehen auch Transporte von über 3000 Kilometern unbeschadet.

GALIAMELONE

Die Galiamelone ist eine relativ neue Züchtung aus Israel. Entstanden ist sie durch die Kreuzung der Kantaloup-Melone Ogen und der Honigmelone Honey Dew. Galiamelonen haben eine leicht genetzte gelbe Schale und ein besonders süßes blassgrünes Fruchtfleisch. Das Aroma ist ähnlich wie das der Ogenmelone. Die durchschnittlich 1 kg schweren Früchte erfreuen sich großer Beliebtheit. Sie werden vorwiegend in Israel und Spanien für den europäischen Markt angebaut. Ihre relativ gute Haltbarkeit macht sie auch transportierbar.

HONIGMELONE

Honigmelonen werden auch Wintermelonen genannt. Sie sind je nach Sorte rund bis oval. Ihre feste gelbe oder grüne Schale ist glatt oder längs gerieft, aber nie genetzt. Honigmelonen werden 1 bis 4 kg schwer und sind sehr gut haltbar und transportierbar. Ihr Fruchtfleisch ist wenig aromatisch und von weißer, blassgrüner oder blassoranger Farbe. Der Reifegrad ist bei den Honigmelonen relativ schwer zu bestimmen. Sie verströmen auch im vollreifen Stadium keinen Duft und ihre Schale ist so fest, dass auch der Drucktest am Blütenansatz keinen Aufschluss über den Reifegrad gibt. Allerdings können vollreif geerntete Honigmelonen verkorkte Schalenrisse aufweisen.

WASSERMELONE

Die Wassermelone, eine Beere aus der Familie der Gurkengewächse, gedeiht an einem einjährigen kriechenden Rankgewächs. Über 150 Sorten sind registriert.

Wassermelonen haben eine 1 bis 4 cm dicke, glatte Schale, deren Farbe von hell bis dunkelgrün variiert, aber auch marmoriert oder gestreift sein kann. Die Früchte können rund, oval oder walzenförmig sein

Sie kommen meist 2 bis 3 kg schwer in den Handel, können aber durchaus ein Gewicht von 20 kg und mehr erreichen. Ihr Fruchtfleisch hat ein Farbspektrum von Gelb über Hellrot zu Dunkelrot.

Seit kernlose Wassermelonen gezüchtet werden, steigen sie stark in der Gunst der Konsumenten. Ihr wässrig-süßes und doch knackiges Fruchtfleisch (97% Wasseranteil) ist besonders gekühlt ein Genuss! Es enthält nur wenig Zucker, ist aber reich an Vitaminen und Mineralstoffen. Die Wassermelone ist nicht nur ein hervorragender Durstlöscher, sondern hat auch eine nierenreinigende und harntreibende Wirkung.

In Afrika, wo die Wassermelone auch wild wächst, wird sie besonders während der Trockenzeit als steriler Wasservorrat geschätzt. Um den Reifegrad einer Wassermelone festzustellen, klopft man auf die Schale: Wenn die Wassermelone «singt», d. h. einen dunklen Ton erzeugt, ist sie reif. Klingt der Ton hohl, sind die Melonen trocken oder noch nicht reif.

PEPINO

Diese ovalen, etwa apfelgroßen Früchte
haben eine glatte Schale von grüner bis hell-
gelber Farbe mit violetten Streifen. Es gibt
auch ganz violette Sorten mit dunkelvioletten
Streifen.

Pepinos gehören nicht zu den Melonen, sondern zu den Nachtschattengewächsen und
damit zur gleichen Familie wie Tomaten oder
Auberginen. Jedoch erinnert ihr nach Melone
und Birne schmeckendes Fruchtfleisch und
dessen Konsistenz so sehr an Melonen, dass
sie auch als Melonenbirnen oder Birnenmelonen bezeichnet werden. Ihre Heimat sind
die warmen, hoch gelegenen Gebirgstäler
von Kolumbien und Peru. Aufgrund ihrer Her-
kunft sind Pepinos im Handel manchmal
unter dem Namen «Inkamelone» im Angebot
und lassen sich auch wie Melonen genießen.
Sämtliche Rezepte mit Zuckermelonen
können auch mit Pepinos zubereitet werden.
Die Früchte sind genussreof, wenn die
Frucht cremefarbig ist und die Schale auf
sanften Daumendruck leicht nachgibt.

KIWANO

Die auch Horn-, Stachel- oder Höckermelone
und Morgensterngurke genannte Frucht
mit botanischer Bezeichnung Cucumis metu-
liferus stammt ursprünglich aus den Steppen-
landschaften Südafrikas. Sie gehört zur
selben Familie wie die Gurken und Melonen.
Sie ist seit über 3000 Jahren bekannt. Aber
erst in den achtziger Jahren haben sie die
Neuseeländer unter dem geschützten Namen
«Kiwano» auf den Markt gebracht. Inzwischen wird die exotisch anmutende leuchtend
gelbe Frucht mit ihrem erfrischenden, leicht
süßlichen Gurkengeschmack auch in Süd-
afrika, Kenia, Israel und Italien kultiviert.
Im Jahre 1992 wagten Gemüseproduzenten
im östlichen Teil der Schweiz erstmals den
Anbau und vermarkten inzwischen die mit
zahlreichen hornartigen Stacheln besetzte
Frucht unter dem Namen «Delicano».
Das Aroma des gallertartigen sattgrünen
Fruchtfleisches ist eine aparte Mischung aus
Banane, Zitrone und Passionsfrucht. Zum
Essen halbiert man die Hornmelone und
löffelt das Fruchtfleisch mit den Kernen aus
der Schale.

17

Zuckermelonen für den Anbau im Hausgarten

MELONEN FÜR DEN HAUSGARTEN

Zuckermelone

In den letzten Jahren ist es Samenproduzenten gelungen, früh reifende Melonen zu züchten. Immer öfter werden sie deshalb auch in unseren Breitengraden an milden Lagen angebaut. Inzwischen sind im Gartenfachhandel Samentütchen verschiedener Sorten für Hobbygärtner erhältlich. An einem geschützten Platz gedeihen Melonen problemlos auch im Hausgarten – oder sogar in einem großen Topf auf dem Balkon.

Melonen wachsen rankend wie Gurken und Cornichons. Sie können platzsparend an Schnüren, spiralförmigen Tomatenstangen aus Metall oder an Holzstickeln mit rauer Borke hochgezogen werden. Oder man läßt sie über einen etwa 1,5 m² großen Lattenrost klettern, der schräg an eine sonnige Hauswand gelehnt wird.

Der wärmste Platz im Garten ist für Melonenkinder gerade gut genug, ein Folientunnel oder Gewächshäuschen wären ideal. Melonen können aber auch auf dem Boden kriechend angebaut werden. Dazu verwendet man am besten schwarze Folie. Die Erde wird großzügig mit verrottetem Stallmist und Kompost angereichert und bereits im April mit der Folie abgedeckt, damit sich der Boden gut erwärmen kann.

Aufzucht aus Samen Ausgesät wird Mitte April bis Anfang Mai. Man steckt jeweils zwei Samen in gut 10 cm große mit Aussaaterde gefüllte Töpfchen. Während der Keimzeit darf die Temperatur nicht unter 22 °C sinken! Regelmäßig mit temperiertem Wasser gießen.

Die Pepinopflanze schmückt sich mit wunder-
schönen Blüten

Pepinos gedeihen problemlos als Ampelpflanze
auf dem Balkon

Gegen Ende Mai bis Anfang Juni werden die Melonensetzlinge in nahrhafte Erde ausgepflanzt; jede Pflanze benötigt gut einen Quadratmeter Platz. Da sich die Früchte vorwiegend an den Seitentrieben entwickeln, schneidet man beim Auspflanzen den Haupttrieb nach dem zweiten Laubblatt ab. Im Gewächshaus wird der Haupttrieb gekappt, wenn er die Dachhöhe erreicht hat. Die Seitentriebe nach dem zweiten Blatt abschneiden.

Hege und Pflege Melonen sind bei kühler Witterung gegen Staunässe empfindlich. Um Wurzelfäulnis zu vermeiden, sollte beim Gießen der Stängel die Anwuchsstelle nicht benetzt werden. Als «automatische Bewässerung» dient eine mit Wasser gefüllte Glasflasche, die man mit dem Hals voran bei jeder Pflanze in die Erde steckt. Das Glas speichert Wärme und temperiert das Wasser, das bei trockener Erde dosiert aus der Flasche fließt. Bei üppigem Wachstum werden die Seitentriebe eingekürzt. Pro Pflanze nicht mehr als 4 bis 5 Früchte ausreifen lassen; überzählige Exemplare entfernen.

Bei Topfmelonen auf dem Balkon sind die Nährstoffe in der Erde nach 4 Wochen aufgebraucht. Dann wird dem Gießwasser einmal wöchentlich Flüssigdünger beigefügt.

Erntereif sind die Zuckermelonen ab Ende August, wenn sie köstlich duften und sich am Stielende kleine Risse bilden. Zu früh geernteten Früchten fehlt das typische Aroma.

Beim ersten Nachtfrost sterben die wärmeliebenden Pflanzen ab. Sie werden ausgerissen, in Stücke geschnitten und kompostiert.

Wassermelonen

Wassermelonen können gleich wie Zuckermelonen angebaut werden. Sie benötigen allerdings noch mehr Wärme. Für die Samenaufzucht sollten es 25 °C sein. Wassermelonen werden deshalb mit Vorteil im Gewächshaus oder unter einem Folientunnel kultiviert.

Pepino

Balkonkulturen Ab Mai sind vorkultivierte Pepinos (Solanum muricatum) als Ampelpflanze in Gartencentern erhältlich. Sie lassen sich nur durch Stecklinge sortenrein vermehren. Die Samenaufzucht ist deshalb Spezialisten vorbehalten.

Wie andere Nachtschattengewächse mit rein weißen oder violetten Blüten haben auch die Pepino in den letzten Jahren als unermüdlich blühende Kübelpflanzen Furore gemacht. Die weißen Blüten sind mit sternförmig angeordneten violetten Streifen durchsetzt und umgeben die markant gelb gefärbten Staubbeutel. Die Früchte sind zuerst hellgrün, bis sie sich mit den typisch auberginefarbigen Marmorierungen schmücken.

Tipps für die Kultur Wenn gegen Ende Mai keine Nachtfröste mehr zu erwarten sind, hängt man die Ampelpflanze an einen windgeschützten, warmen, aber halbschattigen Platz ins Freie. Tägliches Gießen ist Pflicht, denn Pepinos sind ausgesprochen durstige Pflanzen. Wöchentlich wird dem Gießwasser Flüssigdünger beigefügt.

Erntezeit ist ab August bis in den Spätherbst. Die Früchte sind reif, wenn sich die Schale jeweils von hellgrün auf hellgelb verfärbt.

Genussreif ist die faustgroße köstliche Frucht mit der erfrischenden Säure, wenn die Schale auf leichten Druck nachgibt. Birnenmelonen lassen sich bei Zimmertemperatur während 1 bis 2 Wochen lagern. Anders als bei den Melonen können die Schalen von Pepinos gegessen werden. Oder man schält sie mit einem gewöhnlichen Gemüse-/Kartoffelschäler. Aber Vorsicht: angeschnittene Früchte verfärben sich sehr schnell! Entweder werden sie sofort verzehrt oder mit Zitronensaft beträufelt.

Für die Überwinterung benötigen die mehrjährigen Pflanzen einen hellen, kühlen Ort mit einer Temperatur von etwa 10 °C, wie in einem unbeheizten Wintergarten. Bevor man die Pflanzen ins Haus bringt, schneidet man die Triebe zurück. Im Winterquartier gießt man die Pflanzen nur mäßig, damit die Erdballen nicht austrocknen. Im März setzt man die Ampelpflanzen in frische Erde und stellt sie an einen wärmeren Ort, bevor sie nach den Eisheiligen ins Freie umziehen können.

Kiwano

Die Kultur ist ähnlich wie bei Melonen. Die frostempfindliche und wärmebedürftige Pflanze fruchtet erst bei Temperaturen über 20 °C. Erntezeit ist ab September bis Mitte Oktober. Dann müssen die Früchte für die Nachreife während mehrerer Wochen gelagert werden. Danach sind sie bei Zimmertemperatur monatelang haltbar.

MELONEN-**REZEPTE**

Sommerlicher Käse-Melonen-Salat

2 Galia- oder Netzmelonen
4 Stängel Stangen-/
  Staudensellerie
2 Frühlingszwiebeln
300 g Hobelkäseröllchen,
  quer halbiert
100 g Baumnuss-/Walnusskerne,
  grob gehackt
4 Portionen gemischter
  Blattsalat

Dressing
3 EL Honigessig oder weißer
  Balsamico-Essig
1 TL scharfer Senf, z. B. Dijonsenf
Meersalz
schwarzer Pfeffer,
  frisch gemahlen
4 EL Traubenkern- oder
  Sonnenblumenöl
1 EL Baumnuss-/Walnussöl

1 Die Melonen vierteln oder achteln und entkernen, das Fruchtfleisch von der Schale schneiden und würfeln. Die Selleriestängel schräg in feine Scheiben schneiden. Die Zwiebeln in Scheiben, das Grün in feine Ringe schneiden.

2 Sämtliche Zutaten miteinander mischen, auf Tellern anrichten. Das Dressing darüber träufeln.

Tipp
Hobelkäseröllchen durch in feine Stifte geschnittenen reifen Greyerzer Käse ersetzen.

VORSPEISEN

Griechischer Wassermelonen-Feta-Salat

1 kg kernlose Wassermelone,
   ohne Schale
400 g Feta
100 g entsteinte griechische
   Oliven, in Spalten
2 kleine rote Zwiebeln,
   in feinen Scheiben
4 Majoranzweige,
   für die Garnitur

Dressing
2 EL Rotweinessig
1 Prise Zucker
Meersalz
schwarzer Pfeffer,
   frisch gemahlen
4 EL Olivenöl nativ extra
2 TL fein gehackter Majoran

1 Die Wassermelone und den Feta in gleich große Würfel schneiden.

2 Alle Zutaten für das Dressing verrühren.

3 Melonen- und Fetawürfel zu vier größeren Würfeln zusammensetzen. Mit Oliven, Zwiebeln und Majoran garnieren. Mit dem Dressing beträufeln.

Tipp
Man kann die Zutaten auch ganz einfach mischen, auf Schalen verteilen und mit dem Dressing beträufeln.

Lauwarmer Melonensalat mit Geflügelfleisch und Basilikum

2 Charentais- oder Cavaillon-
   melonen
2 EL Kürbiskerne
2 EL Sonnenblumenöl
400 g Truten-/Putenschnitzel,
   in Streifen
2 EL Limetten-/Limonensaft
Meersalz
schwarzer Pfeffer,
   frisch gemahlen
2–3 Zweiglein Basilikum
Basilikum, für die Garnitur

1   Die Melonen halbieren und entkernen, aus dem Fruchtfleisch Kugeln ausstechen. Melonenkugeln und -schalen zugedeckt beiseite stellen.

2   Die Kürbiskerne in einer Bratpfanne trocken rösten, zum Auskühlen auf einen Teller geben.

3   Das Öl in die heiße Bratpfanne geben, die Geflügelstreifen darin ca. 4 Minuten rundum kräftig braten. Die Pfanne von der Herdplatte nehmen. Melonenkugeln, Kürbiskerne und Limettensaft unter das Fleisch mischen, mit Salz und Pfeffer würzen. Die fein geschnittenen Basilikumblätter unterrühren, sofort in den ausgehöhlten Melonenhälften anrichten. Mit Basilikum garnieren. Sofort servieren.

Tipp
Dazu passt frische Baguette.

Asiatischer Honigmelonen-Gurken-Salat mit Sesam

½ Honigmelone, gekühlt
1 Salatgurke
2 Frühlingszwiebeln
4 TL geröstete helle Sesamsamen

Dressing
4 EL Traubenkern- oder
    Sonnenblumenöl
1 TL Sesamöl
2 EL Reisessig, ersatzweise
    Obstessig
1 EL helle Sojasauce
2 TL flüssiger Honig
½ rote Chilischote, entkernt
    und fein gehackt
1 EL fein geriebene
    Ingwerwurzel

1 Die Melonenhälfte halbieren und das Fruchtfleisch von der Schale schneiden und klein würfeln. Die Gurke schälen und der Länge nach halbieren, schräg in feine Scheiben schneiden. Die Frühlingszwiebeln in Scheiben, das Grün in feine Ringe schneiden.

2 Alle Zutaten für das Dressing verrühren.

3 Melonen, Gurken und Frühlingszwiebeln samt Grün mit der Marinade mischen, in Schälchen anrichten. Zuletzt die gerösteten Sesamsamen darüber streuen.

Tipp
Den Salat auf einem Beet aus verschiedenen Sprossen oder Kresse servieren.

Melone und Rohschinken mit Pfefferminz-Balsamessig

Meine Variante des beliebten
Klassikers

3 EL guter Balsamico-Essig
2 EL fein gehackte
    Pfefferminzblättchen
1 EL flüssiger Honig
1 mittelgroße Melone nach
    Wahl, z. B. Galia-, Charentais-
    oder Honigmelone
8 hauchdünne Scheiben
    Rohschinken, z. B. Parma,
    San Daniele oder Serrano
4 Zweiglein Pfefferminze,
    für die Garnitur

1 In einer Tasse Balsamico, Pfefferminze und Honig verrühren, ca. 30 Minuten ziehen lassen. Durch ein feines Teesieb absieben und die Rückstände mit einem Teelöffel gut ausdrücken.

2 Die Melone in Schnitze schneiden und entkernen, das Fruchtfleisch von der Schale schneiden und fächerartig auf 4 Teller anrichten, mit dem aromatisierten Balsamicoessig beträufeln. Den Rohschinken dazulegen. Mit der Pfefferminze garnieren.

Panierter Tomme
auf Melonensalat

1 Die Melone vierteln und entkernen, das Fruchtfleisch erst von der Schale und dann in feine Scheiben oder Schnitze schneiden. Auf Tellern anrichten und locker mit Portulak bestreuen.

2 Alle Zutaten für das Dressing verrühren, mit Salz und Pfeffer abschmecken und beiseite stellen.

1 Galia- oder Netzmelone
100 g Portulak oder Rucola

D r e s s i n g
1¹/₂ EL Obstessig
2 EL Apfelsaft
¹/₂ TL Senf
3 EL kalt gepresstes
  Sonnenblumenöl
1 EL Baumnuss-/Walnussöl,
  ersatzweise Sonnenblumenöl
Meersalz
schwarzer Pfeffer,
  frisch gemahlen

P a n i e r t e r   T o m m e
4 Tommes, je 100 g
2 EL Apfelsaft
2 EL Mais-/Stärkemehl
1 Freilandei, verquirlt
150 g Baumnuss-/Walnusskerne,
  grob gehackt
Sonnenblumenöl, zum Braten

3 Die Käse nacheinander im Apfelsaft, in der Maisstärke, im Ei und dann in den gehackten Nüssen wenden. Die Panade leicht andrücken. Die panierten Käse in einer beschichteten Bratpfanne im nicht zu heißen Sonnenblumenöl beidseitig je 2 Minuten braten. Zuerst zum Abtropfen auf Küchenpapier legen, dann auf den Salaten anrichten.

4 Die Salate mit dem Dressing beträufeln und sofort servieren.

Tomme ist ein halbfester Schnittkäse mit dezentem Aroma. Das Gewicht der runden Käselaibe variiert von 100 über 250 bis 500 g. Er wird aus Schafs- und Kuhmilch hergestellt.

Melonen-Gurken-Salat mit Estragon und gebackenen Flunderröllchen

Kräuteröl
2 EL fein gehackter Estragon
4 EL fein gehackter Kerbel
1 Prise Meersalz
6 EL Olivenöl nativ extra

8 Scheiben Baguette,
    ca. 1 cm dick

400 g Flunderfilets, ca. 8 Stück
1/2 TL Meersalz
schwarzer Pfeffer,
    frisch gemahlen
8 Zahnstocher

1 Galia- oder Netzmelone
1 Salatgurke

einige Estragon- und
    Kerbelblättchen,
    für die Garnitur

Dressing
2 EL Kräuteressig
1 TL Senf, z. B. Kräutersenf
3 EL Olivenöl nativ extra
1 Prise Zucker
1 Prise Cayennepfeffer
1 EL fein gehackter Estragon
Meersalz

1 Estragon und Kerbel mit der Prise Salz und dem Olivenöl verrühren. Die Baguettescheiben mit zwei Dritteln des Kräuteröls bepinseln und auf ein mit Backpapier belegtes Blech geben. Die Flunderfilets mit Salz und Pfeffer würzen, aufrollen, auf die Baguettescheiben legen, mit je einem Zahnstocher befestigen und mit dem restlichen Kräuteröl beträufeln. In der Mitte des auf 160 °C vorgeheizten Ofens ca. 20 Minuten garen.

2 Alle Zutaten für das Dressing miteinander verrühren, mit Salz abschmecken.

3 Die Melone vierteln und entkernen, dann die Fruchtviertel in Schnitze schneiden. Das Fruchtfleisch von der Schale schneiden und auf Tellern anrichten. Die Gurken in kleine Würfel schneiden, über die Melonenschnitze streuen und alles mit dem Dressing beträufeln.

4 Die Baguettescheiben mit den Fischröllchen auf den Melonen anrichten. Mit einigen Estragon- und Kerbelblättchen garnieren.

Pikante Melonen-Jogurt-Terrine mit Räucherlachs und Lachsrogen

für 1 Terrine- oder Cake-/
Kastenform von 1 l Inhalt
ergibt ca. 8 Portionen

250 g Räucherlachs,
   in feinen Scheiben
1 Galiamelone
7 Blatt Gelatine,
   in kaltem Wasser eingeweicht
3 EL trockener Weißwein
250 g Jogurt nature
$1^1/_2$ TL Meersalz
schwarzer Pfeffer,
   frisch gemahlen
1 EL fein gehackter Estragon
1 dl/100 g Rahm/süße Sahne
1 Briefchen Safranpulver
1 Hand voll Portulak, ersatzweise Schnittsalat
2 Gläschen Lachs- oder
   Forellenrogen, je ca. 30 g
8 TL Olivenöl nativ extra

1 Die Terrinenform mit Klarsichtfolie aus-kleiden. Die Räucherlachsscheiben quer und seitlich bündig und genügend überlap-pend (damit die Terrine gedeckt werden kann) in die Form legen. Kühl stellen.

2 Die Melone halbieren und entkernen, Kugeln ausstechen und diese zugedeckt kühl stellen. Das restliche Fruchtfleisch mit einem Esslöffel herauslösen, fein pürieren. 250 g Melonenpüree abwiegen.

3 Die Gelatine gut ausdrücken, mit dem Weißwein im heißen Wasserbad auflösen. Zuerst das Melonenpüree, dann den Jogurt unter Rühren nach und nach zugießen, mit Salz, Pfeffer und Estragon abschmecken, kühl stellen. Sobald die Masse zu gelieren beginnt, den geschlagenen Rahm unter-heben. Die Hälfte der Masse in die Form fül-len. Die andere Hälfte mit dem Safran gelb färben und ebenfalls in die Form füllen. Die Schichten wie bei einem Marmorkuchen mit einem Teelöffel leicht vermischen. Die Terrine mit den überstehenden Lachsranchen decken, mit Klarsichtfolie zudecken und mindestens 3 Stunden kühl stellen.

4 Die Terrine mit einem warm abgespülten Messer in ca. 2 cm dicke Scheiben schnei-den und in der Mitte der Teller anrichten. Die Melonenkugeln mit Portulak und Rogen darum herum verteilen. Mit wenig Olivenöl beträufeln und mit wenig schwarzem Pfeffer aus der Mühle bestreuen. Sofort servieren.

Käse-Muffins mit Melone und Rohschinken gefüllt

für 6 Muffins

je 1 EL weiche Butter und Mehl
   für die Muffin-Förmchen

Käse-Muffins
100 g gut reifer Goudakäse
150 g Weißmehl/Mehl Typ 405
2 TL Backpulver
$1/2$ TL Kümmel
1 TL Meersalz
1 Freilandei
1,5 dl/150 ml Milch
2 EL Sonnenblumenöl

$1/4$ Charentais- oder Cavaillonmelone
6 Scheiben Rohschinken, z. B.
   Parma, San Daniele oder
   Serrano

1 Die Muffinförmchen sorgfältig ausbuttern und mit etwas Mehl ausstäuben.

2 Den Backofen auf 180 °C vorheizen.

3 Den Goudakäse auf der Röstiraffel reiben und $1/4$ der Menge beiseite stellen. Den restlichen Käse mit Mehl, Backpulver, Kümmel und Salz in einer Schüssel gut mischen.

4 Ei, Milch und Öl in einer zweiten Schüssel verquirlen, zu den trockenen Zutaten gießen, alles zu einem Teig verrühren.

5 Den Teig in die vorbereiteten Förmchen füllen und mit dem restlichen Käse bestreuen.

6 Die Muffins im unteren Drittel des auf 180 °C vorgeheizten Ofens ca. 30 Minuten backen.

7 Die Muffins etwas abkühlen lassen, aus den Förmchen nehmen und quer halbieren. Mit Melone und Rohschinken belegen, wieder zusammensetzen und lauwarm servieren.

Tipp
Die Muffins zusätzlich mit Gartenkresse füllen.

Geeiste Melone mit Portwein

Der schnelle Klassiker
aus Portugal

4 kleine Melonen, z. B. Galiamelonen
ca. 2 dl/200 ml Portwein
ca. 1 l zerstoßene Eiswürfel

1 Die Melonen etwa zwei Stunden vor
dem Servieren kühl stellen.

2 Von den Melonen kurz vor dem Servieren einen Deckel abschneiden, die Kerne
mit einem Esslöffel entfernen. Die Melonen
mit Portwein füllen. 4 tiefe Teller mit zer-
stoßenen Eiswürfeln füllen und die Melonen
darauf anrichten.

Tipp
Sehr dekorativ wirkt diese Vorspeise,
wenn die Deckel mit einem Zickzackschnitt
abgetrennt werden.

Melonen-Himbeer-Salat mit Basilikum

2 kleine Charentais- oder
Cavaillonmelonen
250 g Himbeeren
12 Basilikumblättchen

Vinaigrette
4 EL Olivenöl nativ extra
2 EL Balsamico-Essig
1 TL rosa Pfefferkörner,
leicht zerdrückt
Meersalz

1 Die Melonen halbieren und entkernen,
aus dem Fruchtfleisch Kugeln ausstechen.
Die Melonenkugeln mit Himbeeren und fein
geschnittenem Basilikum mischen und
zurück in die Melonenhälften füllen.

2 Die Zutaten für das Dressing verrühren,
mit Salz abschmecken. Über den Melonen-
salat träufeln und sofort servieren.

Bild

Lauwarmes Gurken-Melonen-Süppchen mit Estragon

pikant

1 Salatgurke
1 Schalotte
1 EL Sonnenblumenöl
$1/2$ dl/50 ml trockener Weißwein
1,5 dl/150 ml kräftige Gemüsebrühe
1 Charentais- oder Cavaillonmelone
2 Becher Jogurt nature (360 g)
1 TL fein gehackter Estragon
$1/2$ TL Estragonsenf oder
  scharfer Senf
Meersalz
schwarzer Pfeffer,
  frisch gemahlen

einige Estragonblättchen oder
  Blütenblätter, z. B. von der
  Sonnenblume, für die Garnitur

1 Die Salatgurke waschen und mit Schale fein schneiden, die Schalotte fein hacken.

2 Gurken und Zwiebeln im Öl ca. 2 Minuten andünsten. Den Weißwein angießen, die Flüssigkeit bis auf ca. einen Esslöffel einkochen lassen, die Gemüsebrühe angießen und ca. 10 Minuten köcheln lassen.

3 Die Melone halbieren und entkernen, aus dem Fruchtfleisch Kugeln ausstechen. Das restliche Fruchtfleisch mit einem Esslöffel herauslösen und zur Suppe geben.

4 Die Suppe fein pürieren, den Jogurt unterrühren. Mit Estragon, Estragonsenf, Salz und Pfeffer abschmecken. Nicht mehr erhitzen!

5 Die lauwarme Suppe anrichten. Die Melonenkugeln zugeben. Mit einigen Estragonblättchen oder Blütenblättern garnieren.

SUPPEN

Scharfe mexikanische Hühnersuppe mit Wassermelone und Tequila

pikant

8 dl/800 ml Hühnerbrühe
400 g Poulet-/Hühnerbrüstchen
$1/2$ unbehandelte Zitrone
4 kleine rote Chilischoten
4 Piment-/Jamaikapfefferkörner
1 Bund Frühlingszwiebeln
4 Zweige Koriander
200 g Wassermelonen-
   Fruchtfleisch
2 EL Tequila, ersatzweise Wodka

1 Das Pouletfleisch in etwa 1 cm große Würfel schneiden. Die Zitrone längs halbieren, in dünne Scheiben schneiden, die Kerne entfernen. Die Chilischoten mit einer Nadel mehrmals einstechen. Die Zwiebeln in feine Scheiben, das Grün in Ringe schneiden. Die Wassermelone in 1 cm große Würfel schneiden.

2 Die Hühnerbrühe aufkochen. Pouletfleisch, Zitronenscheiben, Chilischoten, Pimentkörner und Zwiebelscheiben zugeben, nochmals aufkochen, die Herdplatte ausschalten. Die Suppe auf der ausgeschalteten Wärmequelle zugedeckt ca. 20 Minuten ziehen lassen.

3 Kurz vor dem Servieren Zwiebelgrün, gezupften Koriander und Wassermelonen zugeben. Mit Tequila abschmecken.

Tipp
Die Suppe kann kalt oder warm serviert werden.

Asiatische Melonen-Kokos-Suppe

pikant

1 Galia- oder Netzmelone
1,75 dl/175 ml Kokosmilch
  (1 kleine Dose)
2 EL Limetten-/Limonensaft
2 Sternanis
15 g geschälte Ingwerwurzel,
  in dünnen Scheiben
4 Korianderzweige
je 1 kleine rote und grüne
  Chilischote
1 Poulet-/Hühnerbrüstchen,
  ca. 200 g
1 dl/100 g Rahm/süße Sahne
Meersalz

wenig Koriander, für die
  Garnitur

1 Die Melone halbieren und entkernen, aus dem Fruchtfleisch 12 Kugeln ausstechen und diese zugedeckt beiseite stellen. Das Pouletbrüstchen in ca. 5 mm feine Scheiben schneiden. Die Chilischoten in ca. 1 mm dünne Ringe schneiden.

2 Das restliche Fruchtfleisch mit einem Esslöffel herauslösen und fein pürieren, zusammen mit Kokosmilch, Limettensaft, Sternanis, Ingwer und Korianderzweigen aufkochen, auf der ausgeschalteten Herdplatte zugedeckt ca. 10 Minuten ziehen lassen. Die Suppe durch ein feines Sieb in einen Topf umgießen.

3 Kurz vor dem Servieren die Suppe aufkochen. Die Pouletbrust in ca. 5 mm und die Chilischoten in ca. 1 mm dünne Scheiben schneiden, beides in die heiße Suppe geben, abermals aufkochen, von der Wärmequelle nehmen und ca. 5 Minuten ziehen lassen. Den flaumig geschlagenen Rahm unterziehen, die Suppe mit Salz abschmecken.

4 Die Suppe mit den Melonenkugeln in vorgewärmten Tellern anrichten. Mit einigen Korianderblättchen garnieren.

Geeiste Melonen-Paprika-Suppe mit Thunfisch

pikant

1 Galia- oder Netzmelone
2 gelbe Peperoni/Paprikaschoten
1,5 dl/150 ml kalte Gemüsebrühe
2 EL Zitronensaft
1 Becher Jogurt nature (180 g)
1 roter Peperoncino/Chilischote,
    entkernt, grob gehackt
Meersalz
schwarzer Pfeffer,
    frisch gemahlen

für die Garnitur
1 rote Peperoni/Paprikaschote
1 Dose weißer Thunfisch natur
    (200 g), abgetropft
4 EL Olivenöl nativ extra
1 Bund Schnittlauch,
    grob geschnitten

1 Die Melone halbieren und entkernen, das Fruchtfleisch mit einem Esslöffel herauslösen. Peperoni halbieren und entkernen, den Stielansatz entfernen, das Fruchtfleisch zerkleinern.

2 Peperoni- und Melonenfruchtfleisch zusammen mit Zitronensaft, Jogurt und Peperoncini sehr fein pürieren, mit Salz und Pfeffer abschmecken. Die Suppe bis zum Servieren kühl stellen.

3 Für die Garnitur die rote Peperoni halbieren und entkernen, den Stielansatz entfernen, das Fruchtfleisch klein würfeln (Brunoise). Den abgetropften Thunfisch zerpflücken.

4 Die Suppe in vorgekühlten Tellern anrichten, mit den Peperoniwürfelchen und dem Thunfisch bestreuen. Über jede Suppe etwas Olivenöl träufeln, mit Schnittlauch bestreuen und sofort servieren.

Melonenkaltschale
mit Himbeeren

s ü ß

1 Vanilleschote
1 dl/100 ml Wasser
100 g Zucker
3 EL Zitronensaft
3 cm Zimtstange
2 Charentais- oder Cavaillon-
    melonen, gut gekühlt
2–3 EL Maraschino

100 g Crème fraîche,
    für die Garnitur
100 g Himbeeren,
    für die Garnitur

1 Die Vanilleschote längs halbieren, mit Wasser, Zucker, Zitronensaft und Zimtstange aufkochen, auf der ausgeschalteten Herdplatte ca. 10 Minuten ziehen lassen. Die Vanilleschote und Zimtstange entfernen.

2 Die Melonen halbieren und entkernen, etwa 20 Kugeln ausstechen und zugedeckt kalt stellen.

3 Das restliche Fruchtfleisch mit einem Esslöffel herauslösen, mit dem Zuckersirup sehr fein pürieren, durch ein feines Sieb passieren. Mit Maraschino abschmecken und bis zum Servieren kühl stellen.

4 Die Kaltschale in vorgekühlten Suppentellern anrichten und mit etwas Crème fraîche, Melonenkugeln und Himbeeren garnieren.

Spanische Sangria-
Melonen-Suppe

s ü ß

1 kleine Charentais- oder
 Cavaillonmelone, gekühlt
1 kg kernlose Wassermelone,
 gekühlt
5 EL Rotwein
1 EL Grenadine-Sirup
2 EL Zitronensaft
3 EL flüssiger Honig, z. B.
 Akazienhonig
1 EL fein geschnittene
 Pfefferminzblättchen

1 Die Charentais- oder Cavaillonmelone
vierteln und entkernen, das Fruchtfleisch
zuerst von der Schale und dann in ca. 2 cm
große Würfel schneiden, bis zur Verwendung
kühl stellen. Das Fruchtfleisch der Wassermelone ebenfalls von der Schale, dann in
ca. 2 cm große Würfel schneiden; davon $1/3$
kühl stellen.

2 Ungekühlte Wassermelonen-Würfel
mit Rotwein, Grenadine-Sirup, Zitronensaft
und Honig sehr fein pürieren. Die Pfefferminze untermischen und etwa 1 Stunde im
Kühlschrank ziehen lassen.

3 Kurz vor dem Servieren die Suppe gut
durchrühren und die Melonenwürfel untermischen.

Exotisch würziger
Poulet-Burger mit Melone

Burger
1 mittelgroße Zwiebel,
    fein gehackt
1 EL Olivenöl nativ extra
2 Scheiben Toastbrot
1 dl/100 ml Milchwasser
1 Eigelb von einem Freilandei
1 EL mildes Currypulver
1 TL Meersalz
schwarzer Pfeffer,
    frisch gemahlen
500 g Poulet-/Hühnerbrüstchen,
    vom Metzger zweimal
    geschnetzelt (mit der
    Maschine)
Olivenöl nativ extra, zum Braten

Sauce
1 dl/100 ml Ketschup
2 TL mildes Currypulver
2 EL Melonen- oder
    Aprikosenkonfitüre

4 Sesam-Brötchen, quer halbiert
einige Blätter Kopfsalat
1/2 Galia- oder Netzmelone

1 Die Zwiebeln im Öl dünsten, etwas abkühlen lassen. Das Toastbrot zerpflücken und im Milchwasser einweichen, gut ausdrücken. Zwiebeln und Toastbrot zusammen mit Eigelb, Curry, Salz und etwas Pfeffer mit dem Pouletfleisch vermengen. Mit nassen Händen 4 Burger formen, im Öl beidseitig ca. 8 Minuten braten.

2 Für die Sauce Ketschup, Curry und Konfitüre miteinander verrühren.

3 Die Melonenhälfte entkernen und halbieren. Das Fruchtfleisch von der Schale und dieses in feinste Schnitze schneiden, diese quer halbieren.

4 Die Brötchen mit der Schnittfläche nach unten auf ein Backblech legen und im vorgeheizten Ofen bei 200 °C ca. 2 Minuten aufbacken.

5 Die warmen Brötchen mit Salat, Burgern, Melonenschnitzen und Sauce füllen und sofort servieren.

HAUPTGERICHTE

Rührgebratenes Schweinefleisch mit Melonen und Kefen

400 g geschnetzeltes Schweinefleisch
2 EL Sojasauce
4 EL Sonnenblumenöl
1 Galia- oder Netzmelone
300 g Kefen/Zuckererbsen/
Kaiserschoten
1 dl/100 ml Fleischbrühe
1 TL Honig
2 EL Weißweinessig
1 dl/100 ml süßscharfe Chilisauce
Meersalz

1 Das Fleisch mit der Sojasauce und 2 EL Sonnenblumenöl mischen und ca. 10 Minuten marinieren.

2 Die Melone halbieren und entkernen. Aus dem Fruchtfleisch Kugeln ausstechen und zugedeckt beiseite stellen. Das restliche Fruchtfleisch mit einem Esslöffel herauslösen und pürieren. Bei den Kefen den Stielansatz wegschneiden.

3 Das restliche Sonnenblumenöl in einer Rührbratpfanne oder im Wok erhitzen. Das Schweinefleisch portionsweise kräftig anbraten, herausnehmen und beiseite stellen.

4 Die Kefen (Kaiserschoten) in der Fleischpfanne ca. 3 Minuten rührbraten, herausnehmen und beiseite stellen.

5 Melonenpüree und Gemüsebrühe in der Fleischpfanne auf die Hälfte einköcheln lassen. Honig, Essig und süßscharfe Chilisauce zugeben, erhitzen. Fleisch, Kefen und Melonenkugeln zugeben, nur warm werden lassen, mit Salz abschmecken und sofort servieren.

Tipp
Mit chinesischen Nudeln oder Reis, z. B. Parfumreis, servieren.

Produkteinfo
Süßscharfe Chilisauce wird oft als Dip zu Frühlingsrollen serviert. Sie ist im Supermarkt im Asia-Regal erhältlich.

Crêpes mit lauwarmer Melonen-Füllung an leichter Kräutersauce

Teig für 12 Crêpes
100 g Weißmehl/Mehl Typ 405
2 Prisen Meersalz
3 dl/300 ml Milch
3 verquirlte Freilandeier
2 EL Sonnenblumenöl
Butter zum Ausbacken

1 Charentais- oder Cavaillonmelone, geschält, halbiert,
  entkernt
600 g kernlose Wassermelone,
  ohne Schale

Kräuterkäsesauce
2 dl/200 ml Gemüsebrühe
1¹/₂ EL Maisstärke
1 dl/100 ml trockener Weißwein
150 g Doppelrahmfrischkäse
3 EL fein gehackte Kerbel-
  oder Sauerampferblättchen
Meersalz
schwarzer Pfeffer,
  frisch gemahlen

1 Für die Crêpes Mehl, Salz und die Hälfte der Milch in einer Schüssel glatt rühren. Zuerst die Eier, dann die restliche Milch und das Sonnenblumenöl unterrühren. Zugedeckt ca. 30 Minuten ruhen lassen.

2 Zum Ausbacken der Crêpes wenig Butter in einer beschichteten Bratpfanne schmelzen. Nur so viel Teig hineingeben, dass der Pfannenboden sehr dünn damit überzogen ist. Zum Verteilen des Teiges die Pfanne schräg halten. Wenn die Crêpe-Unterseite sich von der Pfanne löst und genügend gebacken ist, wenden und auf der zweiten Seite fertig backen. Die Crêpes zugedeckt bei 60 °C im Ofen warm halten.

3 Die Charentaismelone vierteln und entkernen. Das Fruchtfleisch von der Schale und in ca. 1 cm große Würfel schneiden. Das Wassermelonenfleisch ebenfalls würfeln.

4 Für die Sauce die Maisstärke mit wenig Gemüsebrühe glatt rühren, zusammen mit restlicher Brühe, Wein, Doppelrahmfrischkäse und Kerbel unter Rühren erhitzen, mit Salz und Pfeffer abschmecken. Die Melonenwürfel zugeben, nochmals erhitzen. Die Crêpes damit füllen.

Melonen-Sauerkraut
mit Raclette-Käse überbacken

80 g durchwachsener Speck,
  in feinen Scheiben
2 EL Butter
1 kleine Zwiebel
1 dl/100 ml trockener Weißwein
1 Charentais- oder Cavaillonmelone
1 Lorbeerblatt
4 TL Honig
400 g gekochtes Sauerkraut
1–2 Prisen Cayennepfeffer
300 g Raclette-Käse am Stück,
  geraspelt
schwarzer Pfeffer,
  frisch gemahlen
400 g gekochte
  Schalenkartoffeln

1   Den Speck in ca. 1 cm breite Streifen schneiden. In einer Bratpfanne trocken braten.

2   Die Zwiebel fein hacken. Die Melone halbieren und entkernen, aus dem Fruchtfleisch Kugeln ausstechen. Das restliche Fruchtfleisch mit einem Esslöffel herauslösen und mit einer Gabel zerdrücken.

3   Die Zwiebeln in der Butter andünsten, den Weißwein angießen und auf ca. 3 Esslöffel einkochen lassen. Zerdrücktes Melonen-Fruchtfleisch, Lorbeerblatt, Honig und Sauerkraut zugeben, aufkochen, bei kleiner Hitze 15 Minuten köcheln lassen. Das Lorbeerblatt entfernen. Die Melonenkugeln untermischen. Mit Cayennepfeffer abschmecken. Die Speckstreifen untermischen.

4   Das Melonen-Sauerkraut in Gratinschälchen verteilen, mit Raclettekäse bestreuen und im oberen Drittel des auf 250 °C vorgeheizten Ofens etwa 5 Minuten überbacken. Die Kartoffeln dazu servieren.

Tipp
Das Melonen-Sauerkraut im Racletteofen überbacken. Dazu einen gehäuften Esslöffel Melonen-Sauerkraut in ein Raclette-Pfännchen geben, mit einer halben Scheibe Raclette-Käse belegen, mit Pfeffer würzen und im Racletteofen überbacken.

Pouletgeschnetzeltes
an süßsaurer Melonensauce

süßsaure Sauce
2 kleine Charentais- oder
  Cavaillonmelonen
2 EL Maisstärke
2 dl/200 ml Hühnerbrühe
1 EL Obstessig
1 EL Sojasauce
1 TL Tomatenpüree
$^{1}/_{2}$ TL fein geriebener Ingwer
1 TL rosa Pfefferkörner
1 EL Vollrohrzucker
$^{1}/_{2}$ TL Meersalz

400–500 g geschnetzeltes
  Poulet-/Hähnchenfleisch
$^{1}/_{2}$ TL Meersalz
schwarzer Pfeffer,
  frisch gemahlen
1 rote Zwiebel, grob geschnitten
4 EL Olivenöl nativ extra
1 Bund Schnittlauch,
  grob geschnitten

1 Die Melonen halbieren und entkernen. Aus dem Fruchtfleisch Kugeln ausstechen und beiseite stellen. Das restliche Fruchtfleisch mit einem Esslöffel herauslösen und fein pürieren; 200 g abwiegen.

2 Die Maisstärke mit wenig Hühnerbrühe glatt rühren. Sämtliche Zutaten für das Püree unter Rühren aufkochen, von der Herdplatte nehmen, die Melonenkugeln zugeben und zugedeckt beiseite stellen.

3 Das Pouletfleisch mit Salz und Pfeffer würzen. Die Zwiebeln mit dem Pouletfleisch vermengen, im Öl kräftig anbraten, zur Melonensauce geben. Das Ganze nochmals erwärmen. Nicht kochen! Mit Schnittlauch bestreuen, sofort servieren.

Tipp
Dazu passt Reis, z. B. Parfum- oder Basmatireis. Schnittlauch durch Schnittknoblauch (auf Foto) aus dem Asiengeschäft ersetzen.

Zitronen-Curry-Kalbsschnitzel mit Melonen-Salsa

8 Kalbsschnitzel, je 60–70 g
2 EL Olivenöl nativ extra
einige Pfefferminzblättchen,
   für die Garnitur

Marinade
$^{1}/_{2}$ unbehandelte Zitrone,
   abgeriebene Schale und Saft
1 TL Tabascosauce
1 TL Currypulver Madras, scharf
1 EL Sojasauce
2 EL Olivenöl nativ extra

Melonen-Salsa
$^{1}/_{2}$ Honigmelone
je 1 rote und gelbe Peperoni/
   Paprikaschote
1 kleine rote Zwiebel,
   fein gehackt
1 EL fein gehackte Pfefferminzblättchen
1 roter Peperoncino/rote
   Chilischote
$^{1}/_{2}$ Zitrone, Saft
$^{1}/_{2}$ TL Meersalz

1 Die Zutaten für die Marinade verrühren. Die Kalbsschnitzel damit beidseitig bepinseln, zugedeckt 15 Minuten marinieren.

2 Den Backofen auf 70 °C vorheizen. Eine Platte und vier Teller vorwärmen.

3 Für die Salsa die Melone entkernen, dann halbieren oder vierteln. Das Fruchtfleisch von der Schale schneiden und klein würfeln. Die Peperoni längs halbieren, entkernen und den Stielansatz entfernen, die Fruchthälften in kleine Quadrate schneiden. Den Peperoncino längs halbieren, entkernen und fein hacken. Sämtliche Zutaten vermengen, kühl stellen.

4 Die überschüssige Marinade von den Kalbsschnitzeln abstreifen. Wenig Olivenöl in einer nicht klebenden Grill- oder Bratpfanne erhitzen und die Schnitzel portionenweise beidseitig ca. 1 Minute anbraten. Auf die vorgewärmte Platte geben und etwa 15 Minuten im Ofen garziehen lassen. Das Fleisch kann im 60 °C warmen Ofen bis zu 15 Minuten warm gehalten werden.

5 Die Kalbsschnitzel mit der Melonen-Salsa anrichten, mit Pfefferminzblättchen garnieren, sofort servieren.

Tipp
Zu diesem sommerlichen Gericht passt am besten frisches Weißbrot, z. B. Fladenbrot.

Japanischer Melonen-Reis
mit Grünteesauce und Lachstatar

Melonen-Reis

1 Galia- oder Netzmelone
4 dl/400 ml Wasser
250 g Langkornreis
2^1/$_2$ EL Reis- oder Obstessig
^{1}/$_3$ TL Meersalz
1 TL flüssiger Honig,
 z. B. Akazienhonig

Grünteesauce

2 dl/200 ml heißes Wasser
2 TL Grünteepulver (Matcha)

Lachstatar

200 g frisches Lachsfilet,
 fein gehackt
1 rote Zwiebel, fein gehackt
^{1}/$_2$ EL Sesamöl
1 EL Sonnenblumenöl
1 Limette, wenig abgeriebene
 Schale und 1 EL Saft
^{1}/$_2$ TL fein gehackter Ingwer
1 TL grob gehackte
 Korianderblättchen
Meersalz

1 Hand voll Zwiebel- oder
 Sonnenblumensprossen,
 für die Garnitur

1 Die Melone halbieren und entkernen. Aus dem Fruchtfleisch Kugeln ausstechen. Das restliche Fruchtfleisch mit einem Esslöffel herauslösen und fein pürieren (ergibt ca. 1 dl/100 ml Fruchtpüree).

2 Das Melonenpüree mit dem Wasser aufkochen. Den Reis zugeben und bei kleiner Hitze weich garen. Mit Essig, Salz und Honig würzen, in 4 Schalen verteilen.

3 Für die Grünteesauce das Grüntee-Pulver mit heißem Wasser anrühren und um den Reis gießen.

4 Für das Lachstatar alle Zutaten mischen und mit Salz abschmecken. Mit feuchten Händen oder zwei Esslöffeln Klößchen formen, auf dem Reis anrichten.

5 Das Gericht mit den Sprossen garnieren und sofort servieren.

Produktinfo

Grünteepulver (Matcha) ist eine japanische Tee-Spezialität und in Tee-Fachgeschäften, gut sortierten Reformhäusern und in Delikatessabteilungen von Warenhäusern erhältlich.

Gegrillter Kabeljau mit marinierten Melonenkugeln und Süßkartoffeln

1 Honigmelone

Marinade
1 EL Zitronensaft
1 TL Meersalz
1 TL Currypulver Madras, scharf
4 EL Olivenöl nativ extra
4 EL fein geschnittenes Basilikum

2 große Süßkartoffeln
1 EL Olivenöl nativ extra
Meersalz
Currypulver Madras

4 Kabeljauscheiben, je 150 g
Meersalz
schwarzer Pfeffer, frisch
    gemahlen
1 EL Zitronensaft
2 EL Olivenöl nativ extra

einige Basilikumblättchen,
    für die Garnitur

1 Die Marinade zubereiten, das Basilikum zugeben.

2 Die Melone halbieren und entkernen. Aus dem Fruchtfleisch Kugeln ausstechen.

3 Die Süßkartoffeln waschen, nicht schälen. Die Knollen schräg in ca. 1 cm dicke Scheiben schneiden. Im Dämpfkörbchen ca. 3 Minuten vorgaren. Die Kartoffelscheiben mit Salz und Curry würzen und mit Olivenöl bepinseln. Beidseitig ca. 2 Minuten in einer Grillpfanne oder über mittlerer Glut grillen.

4 Die Kabeljautranchen mit Salz und Pfeffer würzen und mit Zitronensaft und Olivenöl einreiben. In einer Grillpfanne beidseitig bei mittlerer Hitze oder auf einer Grillplatte über mittlerer Glut ca. 8 Minuten grillen.

5 Die Kabeljautranchen mit den Melonenkugeln anrichten und mit Basilikumblättchen garnieren. Die Melonen mit Marinade beträufeln. Die gegrillten Süßkartoffelscheiben dazu servieren.

Melonen-Risotto
mit Riesenkrevetten

1 Galia- oder Netzmelone

1 Bund Frühlingszwiebeln

2 EL Olivenöl nativ extra

400 g Risottoreis, z. B. Vialone,
  Carnaroli, Arborio

1 unbehandelte Zitrone,
  abgeriebene Schale und Saft

$^1/_2$ Briefchen Safranpulver

9 dl/900 ml heiße Gemüsebrühe

125 g Doppelrahmfrischkäse

3 EL fein gehackte
  Kerbelblättchen

500 g gekochte, geschälte
  Riesenkrevetten/-garnelen
  «Tail on» (geschält, mit
  Schwanzflosse)

Meersalz

schwarzer Pfeffer,
  frisch gemahlen

einige Kerbelblättchen,
  für die Garnitur

1   Die Melone vierteln und entkernen. Das Fruchtfleisch von der Schale schneiden. Eine Hälfte des Fruchtfleisches würfeln, die andere fein pürieren.

2   Die Frühlingszwiebeln in Scheiben, das Grün in Ringe schneiden.

3   Die Zwiebelscheiben im Olivenöl dünsten. Den Reis zugeben, kurz mitdünsten, den Zitronensaft angießen. Die heiße Gemüsebrühe mit dem Melonenpüree und dem Safran verrühren, nach und nach zum Reis geben. Der Reis sollte immer knapp mit Flüssigkeit bedeckt sein. Unter häufigem Rühren bei kleiner Hitze ca. 20 Minuten köcheln lassen, bis der Risotto cremig und al dente ist.

4   Zwiebelgrün, Frischkäse, Kerbel, Riesenkrevetten und Melonenwürfel nacheinander unter den Risotto rühren, nur kurz warm werden lassen. Mit Salz und Pfeffer abschmecken. Anrichten und mit Kerbelblättchen garnieren.

Melonen-Kokos-Salat

2 Limetten, Zesten und Saft
1 dl/100 ml Wasser
4 EL Zucker
2 dl/200 ml Kokosmilch
$^1/_2$ dl/50 ml weißer Rum,
z. B. Bacardi
1,5 kg kernlose Wassermelone,
 gekühlt

2 EL Kokosflocken,
 für die Garnitur
4 Zweige Zitronenmelisse,
 für die Garnitur

1   Nur das Grüne der Limetten mit einem Sparschäler abschälen und in sehr feine Streifen (Julienne) schneiden. Die Limetten auspressen.

2   Limettensaft und -schalen zusammen mit Wasser und Zucker aufkochen und abkühlen lassen. Kokosmilch und weißen Rum unterrühren. Auf vier Schalen verteilen.

3   Das Melonenfruchtfleisch von der Schale schneiden und in mundgerechte Stücke schneiden, zur aromatisierten Kokosmilch geben. Mit Kokosflocken bestreuen und mit Zitronenmelisse garnieren.

Tipp
Kokosflocken durch frische Kokosnuss ersetzen. Dazu das ausgelöste Kokosfleisch mit einem Sparschäler in feine Späne schneiden.

DESSERTS

Melonenmousse mit Heidelbeeren

1 Charentais- oder Cavaillonmelone, 200 g Püree und
Kugeln
250 g Heidelbeeren oder
Blaubeeren
2 Blatt Gelatine, in kaltem
Wasser eingeweicht
1 EL Melonenlikör, z. B. Midori,
oder Orangenlikör, z. B.
Grand Marnier
1 Becher (1,8 dl/180 g) Rahm/
süße Sahne
2 EL Zucker
4 Zweiglein Zitronenmelisse,
für die Garnitur

1 Die Melone halbieren und entkernen, aus dem Fruchtfleisch Kugeln ausstechen, beiseite stellen. Das restliche Fruchtfleisch mit einem Esslöffel herauslösen und pürieren.

2 Die eingeweichte Gelatine gut ausdrücken, mit dem Melonenlikör im heißen Wasserbad auflösen. Das Melonenpüree unterrühren.

3 Den Rahm mit dem Zucker steif schlagen und unter die Melonenmousse ziehen.

4 Die Hälfte der Heidelbeeren und die Melonenkugeln auf vier Glasschalen oder Coupegläser verteilen. Mit der Melonenmousse bedecken respektive auffüllen. Kühl stellen. Kurz vor dem Servieren mit den restlichen Heidelbeeren und der Zitronenmelisse garnieren.

Melonengrütze mit Tapioka

20 g Perlt-Tapioka
2 dl/200 ml trockener Weißwein
2 Charentais- oder Cavaillon-
    melonen
2 EL Honig
1 Zitrone, Saft
5 cm Zimtstange
2 Gewürznelken
2 EL Maraschino

1 Becher (1,8 dl/180 g Rahm/
    süße Sahne
100 g Brombeeren
einige Zitronenmelisseblättchen,
    für die Garnitur

1   Tapioka und Weißwein in einer Pfanne verrühren, 30 Minuten quellen lassen.

2   Die Melonen halbieren und entkernen, 400 g Kugeln ausstechen, kühl stellen.

3   Restliches Melonenfleisch mit einem Esslöffel herauslösen, 400 g abwiegen und fein pürieren. Melonenpüree zusammen mit Honig, Zitronensaft, Zimtstange und Gewürznelken unter den Tapioka-Weißwein rühren. Unter Rühren aufkochen, Hitze reduzieren und unter gelegentlichem Rühren ca. 20 Minuten köcheln lassen. Wenn die Tapioka-Perlen ganz glasig sind, Zimtstange und Gewürznelken entfernen, die Grütze auskühlen lassen und kühl stellen.

5   Die Grütze kurz vor dem Servieren mit Maraschino abschmecken, mit den Melonenkugeln mischen und in Schalen oder tiefen Tellern anrichten. Mit einigen Brombeeren und Zitronenmelissenblättchen garnieren. Den nicht ganz steif geschlagenen Rahm dazu servieren.

Perlt-Tapioka

Ist im Reformhaus erhältlich. Die Grütze kann auch mit Maisstärke gebunden werden. Dazu das Melonenpüree mit Honig, Zitronensaft, Zimtstange und Gewürznelken aufkochen. 8 TL Maisstärke mit Weißwein anrühren, zum Melonenpüree gießen und unter Rühren ca. 1 Minute kochen. Anschließend wie die Tapioka-Grütze weiterverarbeiten.

Melonensorbet mit Pfefferminze

125 g Zucker
3,5 dl/350 ml Wasser
1 Galia- oder Netzmelone
1 EL Zitronensaft
1 Eiweiß von einem Freilandei
1 TL Pfefferminzlikör

einige Pfefferminzblättchen,
    für die Garnitur

1   Zucker und Wasser kochen, bis sich die Zuckerkristalle aufgelöst haben.

2   Die Melone halbieren und entkernen, das Fruchtfleisch mit einem Esslöffel herauslösen und fein pürieren. Das Melonenpüree durch ein feines Sieb passieren, zusammen mit dem Zitronensaft unter den Zuckersirup rühren. Das Eiweiß und den Pfefferminzlikör unterrühren. Die Masse in ein flaches Gefäß füllen und in den Tiefkühler stellen. Während des Gefrierprozesses (4 bis 5 Stunden) die Masse alle 30 Minuten mit einem Schneebesen durchrühren, damit die Eiskristalle klein bleiben.

3   Aus dem Sorbet mit einem Eisportionierer Kugeln abstechen, in Gläsern anrichten. Mit Pfefferminzblättchen garnieren.

Tipps
Pfefferminz- durch Melonenlikör, z. B. Midori, oder Orangenlikör, z. B. Grand Marnier, ersetzen. Das Sorbet bekommt eine feinere Struktur, wenn es in einer Eismaschine gefroren wird.

Melonen-Eistorte

eine Schüssel von 1,5 l Inhalt
eine Springform von 20 cm Ø

B i s k u i t b o d e n
1 Eigelb von einem Freilandei
1/2 unbehandelte Zitrone,
  nur abgeriebene Schale
4 EL Zucker
1 Eiweiß
4 EL Weißmehl/Mehl Typ 405

S a u e r r a h m e i s
540 g (3 Becher) saurer Halb-
  rahm/saure Sahne (15 % Fett)
150 g Zucker
1 unbehandelte Zitrone,
  abgeriebene Schale und Saft
1 dl/100 g Rahm/süße Sahne
einige Tropfen dunkelgrüne
  Lebensmittelfarbe (Drogerie/
  Apotheke)

M e l o n e n - S o r b e t
800 g Wassermelonen-
  Fruchtfleisch
1 EL Grenadine-Sirup
2 EL Zucker
1 Eiweiß von einem Freilandei

3 Schokoladenbiskuits/-kekse,
  zerbröckelt

1 Den Backofen auf 180 °C vorheizen. Den Boden und den Rand der Springform einbuttern. Die Schüssel in den Tiefkühler stellen.

2 Für den Biskuitboden Eigelb, Zitronenschale und 1 EL Zucker zu einer dickflüssigen Creme rühren. Das Eiweiß steif schlagen, nach und nach den restlichen Zucker unterrühren, auf die Eigelbmasse geben. Das Mehl darüber streuen, alles vorsichtig unter die Eigelbmasse ziehen. Den Teig in die Form füllen und glatt streichen. Sofort im unteren Drittel des vorgeheizten Ofens ca. 12 Minuten backen. Das Biskuit auf ein Kuchengitter stürzen und auskühlen lassen.

3 Für das Sauerrahmeis alle Zutaten außer der Lebensmittelfarbe gut verrühren. Die Masse in zwei Portionen teilen, eine Portion mit der Lebensmittelfarbe dunkelgrün färben.

4 Das Wassermelonen-Fruchtfleisch mit Grenadine-Sirup, Zucker und Eiweiß fein pürieren, durch ein Sieb gießen und die Rückstände gut ausdrücken.

5 Die Sorbet- und Eismassen je in ein flaches Gefäß füllen, im Tiefkühler gefrieren lassen, alle 30 Minuten mit dem Schneebesen gut durchrühren, damit die Eiskristalle klein bleiben.

▷

6 Die vorgekühlte Schüssel mit dem grünen Sauerrahmeis gleichmäßig ausstreichen. 20 Minuten in den Tiefkühler stellen. Nun mit dem weißen Sauerrahmeis gleichmäßig ausstreichen. 20 Minuten in den Tiefkühler stellen. Die zerbröckelten Biskuits unter das Wassermelonen-Sorbet mischen und einfüllen, 20 Minuten in den Tiefkühler stellen. Mit dem Biskuitboden abschließen. Die Eistorte vor dem Servieren mindestens 3 Stunden zugedeckt durchfrieren lassen.

Tipp
Die Eistorte hat die optimale Serviertemperatur, wenn sie ca. 15 Minuten vor dem Servieren auf eine Kuchenplatte gestürtzt und in den Kühlschrank gestellt wird. Zum Stürzen die Schüssel für einige Sekunden in heißes Wasser tauchen.

Tipp
Die Sorbet- und Eismassen in der Eismaschine gefrieren.

Japanisches Melonen-Granité

für 4–6 Portionen

100 g Zucker
1 dl/100 ml Wasser
1 Honigmelone, ca. 1,3 kg
2 TL Limetten-/Limonensaft
4 EL Sake (japanischer
   Reiswein)

1 Zucker und Wasser kochen, bis sich die Zuckerkristalle aufgelöst haben.

2 Die Melone halbieren und entkernen, das Fruchtfleisch mit einem Esslöffel aus der Schale lösen, zusammen mit Zuckersirup, Limettensaft und Sake fein pürieren.

3 Die Masse in einen flachen Tiefkühlbehälter gießen und im Tiefkühler gefrieren lassen. Dabei während der ersten 3 Stunden die Masse alle 30 Minuten mit einer Gabel durchrühren. Luftdicht verschlossen aufbewahren.

4 Das Granité 15 Minuten vor dem Servieren im Kühlschrank temperieren, mit einer Gabel auflockern und z. B. in Sektschalen servieren.

Tipp
Das Granité mit Orchideenblüten garnieren.

Melonen-Softeis
mit Tequila

für 4–6 Portionen

700 g Wassermelonen-
   Fruchtfleisch
4 EL Zucker
1 Prise Meersalz
2 EL Grenadine-Sirup
1 Eiweiß von einem Freilandei
2 Becher Jogurt nature (360 g)
3 EL Tequila, ersatzweise Wodka

4–6 Zweiglein Pfefferminze,
   für die Garnitur

1 Aus kernlosem Wassermelonenfrucht-fleisch 100 g kleine Kugeln ausstechen und zugedeckt kühl stellen.

2 Das restliche Fruchtfleisch mit allen weiteren Zutaten fein pürieren. Um die Kerne zu entfernen, die Masse durch ein nicht zu feines Sieb in ein weites Chromstahl- oder Porzellangefäß gießen. Die Masse im Tiefkühler gefrieren. Nach ca. 1 Stunde mit einem Schneebesen gut durchrühren. Diesen Vorgang nach einer weiteren Stunde wiederholen, sodass eine gleichmäßig gefrorene Masse entsteht.

3 Zum Servieren die Masse etwas antauen und im Mixerglas oder mit dem Handrührgerät bearbeiten, bis sie geschmeidig ist. Das Softeis in einen Spritzsack mit großer gezackter Tülle füllen und in vorgekühlte Gläser spritzen. Mit Melonenkugeln bestreuen und jeweils mit einem Zweig Minze garnieren.

Bunte Melonenkugeln in prickelndem Rosmarin-Sirup

1 Für den Rosmarin-Sirup alle Zutaten kochen, bis sich die Zuckerkristalle aufgelöst haben. Die Pfanne von der Herdplatte nehmen und ca. 5 Minuten ziehen lassen. Den Sirup durch ein feines Teesieb absieben, auskühlen lassen. Bis zur Verwendung gut verschlossen kühl stellen.

Rosmarin-Sirup
1 Zweig Rosmarin
1 dl/100 ml Wasser
$^1/_2$ TL schwarze Pfefferkörner
$^1/_4$ unbehandelte Orange,
 nur abgeriebene Schale
100 g Zucker

1 Charentais- oder Cavaillonmelone, gekühlt
1 Honigmelone, gekühlt
2 dl/200 ml trockener (brut)
 Schaumwein, z. B. Prosecco,
 gekühlt

2 Die Melonen halbieren und entkernen, aus dem Fruchtfleisch Kugeln ausstechen, in Gläser verteilen. Den Sirup darüber gießen. Bis zum Servieren kühl stellen.

3 Kurz vor dem Servieren die Gläser mit dem gut gekühlten Schaumwein auffüllen, mit einem Rosmarinzweiglein garnieren.

Meloneneiscreme – Melonensoufflé

Eislutscherformen

1 Charentais- oder Cavaillonmelone, ca. 800 g
1 Becher (180 g) Jogurt nature
2 Päckchen Bourbon-Vanille-
   zucker
80 g Zucker
2,5 dl/250 g Rahm/süße Sahne
3 Päckchen
   Rahmhalter/Sahnesteif

Soufflé
gemischte Beeren,
   für die Garnitur

1   Die Melone halbieren und entkernen, das Fruchtfleisch mit einem Esslöffel aus der Schale lösen und sehr fein pürieren, mit Jogurt, Vanillezucker und Zucker verrühren.

2   Den Rahm mit Rahmhalter steif schlagen und mit dem Schneebesen vorsichtig unter die Melonenmasse ziehen. In die Förmchen füllen. Mindestens 3 Stunden tiefkühlen.

Eissoufflé
Für ein Soufflé eine runde Form von einem Liter Inhalt mit Backpapier «verlängern». Dazu ein Backpapier der Länge nach halbieren und um die Form legen, mit 4 Büroklammern fixieren. Die Melonenmousse einfüllen. Mindestens 6 Stunden tiefkühlen. Das Soufflé ca. 20 Minuten vor dem Servieren in den Kühlschrank stellen. So wird es zartschmelzend. Die Teller mit gemischten Beeren dekorieren. Das Soufflé erst am Tisch portionieren.

Melonen-Bowle mit Basilikum

ergibt etwa 3 Liter Bowle

4 Limetten oder Zitronen
2 l Wasser
200 g Zucker
2 Bund Basilikum
1 kg kernlose Wassermelone,
 geschält und gekühlt
2,5 dl/250 ml Rotwein
$^1/_2$ l trockener (brut) Schaumwein, z. B. Prosecco, gekühlt
Eiswürfel nach Bedarf

1 Die Limetten waschen. Das Grüne der Schale mit einem Sparschäler dünn abschälen und beiseite legen. Die Limetten halbieren und auspressen.

2 Limettensaft und -schalen mit Wasser und Zucker aufkochen, 1$^1/_2$ Bund Basilikum zufügen, von der Herdplatte nehmen und auskühlen lassen. Den Sirup absieben und kühl stellen.

3 Das Melonen-Fruchtfleisch in kleine Würfel schneiden, in ein Bowlengefäß geben und nach Möglichkeit kühl stellen.

4 Kurz vor dem Servieren vom verbleibenden Basilikum die Blättchen abzupfen und sehr fein hacken. Zusammen mit Sirup und Rotwein zur Bowle geben, mit dem Sekt auffüllen. Nach Belieben Eiswürfel zugeben.

Gefrorene Melonen-Margarita

ergibt 2–4 Drinks,
je nach Glasgröße

2 Limetten
feines Meersalz
6 EL Tequila
6 EL Curaçao Triple sec,
 ersatzweise Cointreau
400 g kernloses Wasser-
 melonen-Fruchtfleisch
4 EL Zucker
$^1/_2$ l Eiswürfel

1 Die Limetten halbieren. Den Rand der Gläser mit der Schnittstelle befeuchten und für den typischen Salzrand in Salz dippen.

2 Die Limetten auspressen und mit Tequila, Curaçao Triple sec, Wassermelonenfruchtfleisch, Zucker und Eiswürfeln sehr fein pürieren. In Gläser füllen und sofort servieren.

Tipp
Das Mixen von Getränken mit Eiswürfeln geht am besten im klassischen Bechermixer.

DRINKS

Melonen-Cooler mit Ingwer

ergibt 4–6 Drinks

Ingwer-Sirup
1 ungespritzte Zitrone
50 g Ingwerwurzel, in
    feinen Scheiben
100 g Zucker
1 dl/100 ml Wasser

1,5 kg Wassermelone
4 Longdrink-Gläser
    mit Eiswürfeln
4–6 Melonenschnitze,
    für die Garnitur

1 Für den Ingwer-Sirup nur das Gelbe der Zitronenschale mit einem Sparschäler dünn abschälen. Zitronenschale, Ingwer und Zucker kochen, bis sich die Zuckerkristalle aufgelöst haben, von der Herdplatte nehmen und ca. 10 Minuten ziehen lassen. Den Sirup durch ein feines Teesieb absieben und auskühlen lassen.

2 Die Melone schälen und das zerkleinerte Fruchtfleisch sehr fein pürieren, durch ein feines Sieb gießen. Den Wassermelonensaft mit dem Ingwer-Sirup verrühren, über das Eis gießen. Mit Melonenschnitzen garnieren. Sofort servieren.

Sparkling Star

ergibt einen verführerischen Drink

1½ EL Sternanis-Sirup
1 Sternanis
einige feine Zitronenzesten
einige kernlose Wasser-
    melonen-Kugeln, gekühlt
1 dl/100 ml trockener (brut)
    Schaumwein, z. B. Prosecco,
    gekühlt

Sternanis-Sirup
1 unbehandelte Zitrone
8 Sternanis
200 g Zucker
2 dl/200 ml Wasser

1 Für den Sternanis-Sirup nur das Gelbe der Zitronenschale mit einem Sparschäler dünn abschälen. Zitronenzesten, Sternanis und Zucker kochen, bis sich die Zuckerkristalle aufgelöst haben. Die Pfanne von der Herdplatte nehmen, den Sirup 10 Minuten ziehen lassen und dann durch ein feines Teesieb absieben. Auskühlen lassen, bis zur Verwendung gut verschlossen kühl stellen.

2 Pro Drink 1½ EL Sternanis-Sirup, 1 Sternanis, einige feine Zitronenzesten und einige Wassermelonen-Kugeln in ein Glas geben und mit Schaumwein auffüllen.

Tipp
Für eine alkoholfreie Variante die doppelte Menge Sirup pro Glas mit kohlesäurehaltigem Mineralwasser auffüllen.

Honigmelonen-Bowle
mit Sommerbeeren

für 6–8 Portionen

2 Limetten oder Zitronen
1 l Wasser
125 g Zucker
5 Beutel Orangenblütentee
1 Honigmelone, gekühlt
1 Sonnenblume, gelbe Blüten-
    blättchen gezupft
7,5 dl/750 ml trockener
    Schaumwein, z. B. Prosecco,
    gekühlt
200 g gemischte Beeren
Eiswürfel nach Bedarf

1 Die Limetten waschen. Mit dem Sparschäler dünne Schalenstreifen abziehen, längs
in 1 mm feine Streifen schneiden und beiseite stellen. Die Limetten halbieren und
auspressen.

2 Den Limettensaft zusammen mit Wasser
und Zucker aufkochen, die Orangenblüten-
teebeutel zugeben. Auf der ausgeschalteten
Herdplatte ca. 5 Minuten ziehen lassen, die
Beutel entfernen. Die Limettenzesten zugeben. Den Sirup abkühlen lassen und bis zur
Verwendung kühl stellen.

3 Die Melone halbieren und entkernen.
Vom Fruchtfleisch Kugeln ausstechen und
kühl stellen. Das restliche Fruchtfleisch
 mit einem Esslöffel herauslösen und pürieren, durch ein feines Sieb in das Bowlenglas
gießen. Die gelben Blütenblätter zusammen mit Sirup, Melonenkugeln und Beeren
ins Bowleglas geben. Mit dem Schaumwein
auffüllen. Nach Belieben mit Eiswürfeln
gekühlt servieren.

Tipp
Für eine alkoholfreie Variante den Sirup
ohne Zucker zubereiten und den Schaumwein durch Apfelsaft mit Kohlensäure
ersetzen.